# COMITÉ

# DÉMOCRATIQUE

## FRANÇAIS — ESPAGNOL — ITALIEN.

# COMITÉ

# DÉMOCRATIQUE

## FRANÇAIS-ESPAGNOL-ITALIEN.

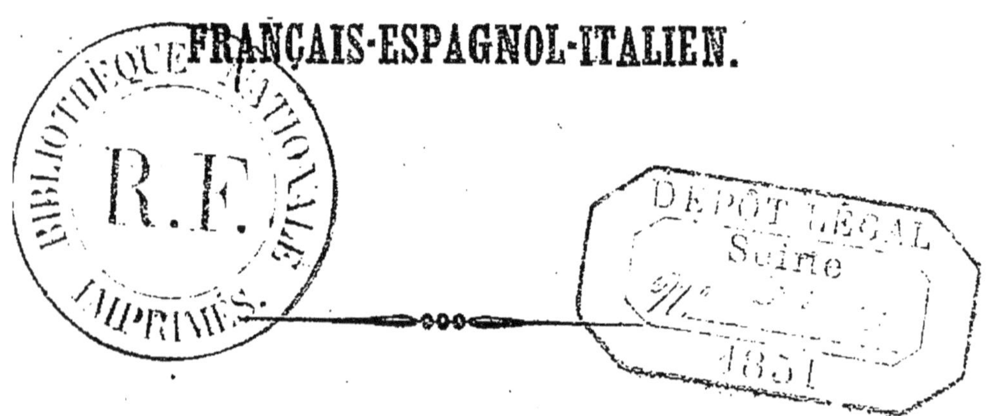

PARIS,

GARNIER FRÈRES, LIBRAIRES,

Rue Richelieu, 10, et Palais-National, 215.

—

1851.

# COMITÉ DEMOCRATIQUE

## FRANÇAIS-ESPAGNOL-ITALIEN.

—

Au milieu du mouvement qui agite le monde, et qui en présage prochainement de plus grands encore; lorsque, dans l'attente d'événemens formidables, les peuples, avertis par un sûr instinct que leurs destinées sont inséparables, qu'aucun d'eux ne se sauvera seul, se regardent l'un l'autre avec anxiété, le comité démocratique français-espagnol-italien a cru nécessaire d'exposer les motifs de sa formation, les principes et les vues qui dirigeront ses actes, le but qu'il se propose et qu'il poursuivra sans relâche, persuadé qu'en cela il accomplit un devoir sacré.

## I.

Quelles que soient les différences de races et de nations, moyen providentiel du progrès général, le genre humain est un : toutes ses parties, soumises à des conditions rigoureuses de dépendance mutuelle, languissent et souffrent au même degré où elles sont séparées, comme aussi, au degré où elles sont unies, s'accroît pour elles la puissance de vie et de développement dans tous les ordres.

Dans aucun ordre donc, nul bien

possible que par le concours et au profit de tous, qu'en vertu de la grande loi de solidarité qui les relie comme les membres d'un même corps. Et il est à remarquer que le mal même ne se généralise et ne s'affermit qu'au moyen de cette loi souveraine détournée à des fins détestables ; qu'ainsi la tyrannie n'a de force, l'oppression de durée, que par l'union des oppresseurs, que par la solidarité établie entre eux pour soutenir et pour perpétuer leur pouvoir exécrable.

A cette solidarité de l'enfer fondée sur l'intérêt monstrueux de quelques-uns, obstinés à faire du genre humain leur proie, que les peuples donc opposent la solidarité sainte fondée sur l'intérêt de tous, inséparable de la justice, et qui se confond avec elle, car jamais l'utile n'est séparé du juste; ce ne sont pas deux principes, mais deux faces du même principe indivisible, le principe de vie.

L'humanité, depuis un demi siècle, a fait des pas immenses dans cette voie, qui la conduit à un monde nouveau. Les peuples se sentent frères; ils comprennent que, vaincus toujours pendant qu'ils demeurent isolés, nul d'entre eux n'est assez puissant pour briser seul ses chaînes, ou pour empêcher que bientôt ses maîtres ne les renouent.

C'est beaucoup, certes, que de comprendre cela; ce n'est pas tout cependant. L'action doit suivre la pensée. Pour que les peuples s'affranchissent, pour que chacun d'eux, rentré dans ses droits, en possession de lui-même, se développe sans obstacle, marche libre, sous l'œil de Dieu, dans la route qu'il lui a tracée, il faut que le senti-ment de leur solidarité, autrement stérile, engendre des efforts communs ; il faut que leur union, théoriquement reconnue nécessaire, se réalise dans l'ordre des faits au moyen d'alliances nationales.

Mais de nombreuses difficultés qu'on aperçoit du premier coup d'œil ren-dent impossible entre les nations une alliance immédiate qui les unisse tou-tes et au même moment dans une con-fédération générale. Quelque vif, quelque universel que soit le senti-ment de sa nécessité, elle ne saurait se former qu'en formant d'abord une organisation centrale, qui, s'étendant de proche en proche, embrasse finalement tous les peuples appelés à la compléter par leur successive et libre adhésion.

A raison de leur position géographique et de leurs affinités d'origine, de culture, d'idées, de langue, d'intérêts, les nations latines, la France, l'Italie, l'Espagne, semblent être les élémens naturels de ce noyau central autour duquel viendront se grouper des élémens nouveaux, à mesure que le besoin d'unité se fera plus sentir, et que les circonstances en favoriseront la réalisation effective. Elles seront comme le point vers lequel convergent, dans l'évolution de l'homme physique, les organes multiples et divers dont l'union harmonique forme le corps vivant dans son intégrité parfaite.

Examinons très-brièvement l'état interne de chacune de ces trois nations.

## II.

Après soixante ans de combats et de travaux, la révolution née en France à la fin du dix-huitième siècle, qui n'en fut tout entier que la préparation, y est devenue indestructible, et à l'heure où nous écrivons, elle lutte contre les derniers efforts de la vieille société, un moment réveillée au fond de la tombe, prête à se refermer sur elle pour jamais.

Nous parlerons ailleurs des principes qui ont triomphé, du droit nouveau désormais intronisé dans le monde, et qui, quelque imparfaite qu'en puisse être encore l'application à beaucoup d'égards, règne souverainement dans la raison et la concience publique. Et que de conquêtes assurées déjà ! Que de réformes, et de quelle importance ! ou plutôt quel changement radical dans les institutions et l'esprit des institutions !

En ce qui touche les relations des hommes entre eux au sein de la société politique et civile, que l'on compare avec ce qui est, ce qui était avant 89, et qu'on mesure l'espace parcouru, le progrès accompli. La transformation politique a, pour le fond, atteint son terme par le suffrage universel, dont le peuple, quoi qu'on fasse, ne se dessaisira point, et qu'il reconquerrait bientôt si, momentanément, on parvenait à l'en dépouiller.

Plus de distinctions de classes, plus de priviléges légaux, du moins admis comme légitimes. La liberté, dans toutes les sphères de l'activité humaine, proclamée, garantie par le pacte fondamental, ses violations rangées dès lors parmi les crimes dont le châtiment, inévitable, inexorable, arrive tôt ou tard. Voilà ce que ni la force ni la ruse ne sauraient enlever à la France, ce qu'en dépit des hommes du passé, elle conservera pour elle et pour les autres peuples destinés prochaînement à jouir des mêmes bienfaits.

Elle n'a cependant encore accompli qu'une moitié de son œuvre. Il
lui reste à résoudre d'autres questions, les importantes questions qu'on
a nommées sociales. Le problème du
travail et de la répartition de ses
fruits, c'est-à-dire le problème de la
vie matérielle du peuple, étroitement
liée à sa vie morale, préoccupe les esprits et les remue profondément. Ils
sentent que la révolution, achevée ou
près de l'être dans l'ordre politique,
serait incomplète et en partie stérile,
si elle s'arrêtait à ce point, s'il n'en
sortait un remède aux souffrances de
la multitude, si le contraste effrayant
de la richesse extrême et de l'extrême

misère ne cessait pas de blesser le regard et le sentiment même de la justice, de l'équité, de la charité au fond des cœurs.

Ce sera la seconde phase de la révolution, que suivra la dernière, la phase religieuse.

Tandis donc que les autres nations, emportées à leur tour par le souffle puissant qui passe sur le monde, s'ébranlent pour opérer leur transformation politique, la France explore ce qui est au-delà, et, au milieu des incertitudes qu'engendre la diversité des pensées, des systèmes, défriche le sol nouveau où les peuples qu'elle précède comme le pionnier de l'Amérique précède le colon stable, viendront bâtir leur toit ou planter leur tente.

Telle est la fonction que Dieu lui assigne, et cette rude fonction, à la fois de laboureur et de soldat, elle sent avec joie qu'elle la remplit, non pour elle seule, mais pour tous les membres de la famille humaine; et c'est pourquoi elle les convoque et leur dit : Venez, unissons-nous, formons une alliance indissoluble et sainte contre l'ennemi commun, contre ceux que des passions impies et des intérêts détestables ont ligués ensemble pour arrêter ce magnifique travail de régénération, d'évolution du bien dans le monde. Le frère a besoin de son frère. Qu'est-ce qui nous séparerait? N'avons-nous pas le même but? Marchons-y appuyés les uns sur les autres, nous soutenant, nous aidant mutuellement, invincibles si nous comprenons ce qu'il y a de force dans le dévouement réciproque, dans la solidarité, non-seulement reconnue par par l'esprit, mais pleinement acceptée par l'âme, de la vie et de la mort.


## III.


Héritière directe des traditions et des grandeurs du monde ancien, l'Italie ouvrit au reste de l'Europe l'entrée de la civilisation, et lui en offrit les premiers modèles en tous genres. Terre des arts et de la science lorsque leur culture renaquit, elle fut aussi la terre de la liberté aux époques où sa gloire brilla du plus vif éclat, où son génie resplendit comme un phare dans les ténèbres du moyen-âge. Il n'est pas une nation moderne, qui ne tienne d'elle originairement le germe, au moins de ce que l'humanité possède aujourd'hui de plus précieux, de plus fécond, de plus élevé, pas un peuple qu'elle n'ait allaité, qui ne la doive vénérer comme sa mère, *alma mater*.

Si la violence, aidée de ses divisions intérieures, servie surtout par la politique papale, qui ne permit en aucun temps, et ne saurait permettre aux tronçons de ce corps mutilé de se rejoindre, l'a courbée depuis des siècles sous le joug étranger, jamais, du moins, elle n'accepta sa servitude comme définitive; jamais elle ne cessa

de protester contre l'oppression, d'as-
pirer à sa délivrance, de l'espérer en
des jours plus heureux. Ce que, dans
le cours de ce siècle, elle a tenté pour
réaliser cette immortelle espérance,
qui ne le sait ? Qui, témoin de ses efforts, dignes de la cause magnifique
et sainte à laquelle elle s'était dévouée,
n'a tressailli d'admiration et de cette
joie pure, profonde, qu'inspire tout
ce qui est grand ? Dans les fastes de
l'héroïsme, qu'y a-t-il au-dessus de
ces noms : Milan, Messine, Brescia,
Bologne, Gênes, Livourne, Rome,
Venise ; Venise, qui, la dernière, re-
plia son glorieux drapeau, destiné, en
des temps prochains, à flotter vain-
queur sur les flots de l'Adriatique ?
Si au succès, éclatant d'abord, ont

succédé de tristes revers, les causes en sont connues, et quand l'heure du combat aura sonné de rechef, l'Italie, instruite par une dure expérience, saura se prémunir contre l'action de ces causes funestes.

Jetons sur le passé un coup d'œil rapide. Il renferme de graves enseignemens qu'il importe de recueillir pour assurer l'avenir.

Avant que la République eût été proclamée en France, le parti libéral et le parti démocratique ne se distinguaient l'un de l'autre par aucune vue, aucune action particulière à chacun d'eux. On voulait l'unité et l'indépendance nationale, sans se préoccuper de la forme du gouvernement, ne se proposant d'autre but, au moins immédiat, que la délivrance de l'Italie, et acceptant un roi, quel qu'il fût, pourvu qu'il l'affranchît de la domination étrangère.

Après l'établissement de la République française, une scission s'opéra parmi ceux qui, auparavant, unis dans une pensée commune, dans l'unique pensée qui remuât sérieusement les esprits, avaient jusqu'alors agi de concert.

Les uns, convaincus que la République était la seule forme possible de l'unité italienne, et aussi, dans l'état de l'Europe, la seule garantie de son affermissement, en adoptèrent décidément le principe.

Les autres, effrayés d'une rupture si complète avec les pouvoirs existans, avec les idées mêmes, les habitudes traditionnelles, apprehendant les difficultés qu'ils jugeaient en devoir naître, refusèrent d'entrer dans cette voie, et se rangèrent sous le drapeau de la royauté, modifiée seulement par ce je ne sais quoi de vague, de stérile et de fictif, qu'on appelle libertés constitutionnelles.

Ceux-ci, plus nombreux, plus puissans, purent sans opposition appliquer leur système. Dans le Piémont et la Lombardie, à Naples, en Sicile, à Rome, l'expérience en fut faite du consentement de tous. On en a vu le résultat, partout le même.

Cependant, le parti démocratique, clairement défini par son principe et par ses tendances, fut constitué en soi, séparément de tout autre, et agissant en son propre nom, fit des progrès rapides. Répondant à l'instinct des masses, plus sûr que les calculs d'une politique timide, telle fut la force qu'il acquit, que le pouvoir même passa en ses mains, premièrement en Toscane, où le grand-duc, obligé de l'introduire dans ses conseils, feignit de céder à sa demande d'un appel à la nation italienne par l'élection d'une constituante que les princes auraient convoquée.

Le mouvement se propagea partout où l'opinion pouvait se manifester, et au degré où la stupeur des pouvoirs haletans de crainte en rendait la manifestation possible, dans le Piémont et à Rome, qui en devint le centre principal.

Pie IX, résolu de défendre à tout prix sa puissance temporelle, source fatale de l'esclavage de l'Italie, et qui déjà, secrètement allié à l'Autriche, avait réprouvé la guerre nationale, Pie IX, plutôt que de subir une constituante et un ministère démocratique, s'enfuit. Léopold le suivit bientôt. Charles-Albert, non moins alarmé du progrès de la démocratie, chercha le salut de sa dynastie dans la reprise des hostilités; d'où les désastres de Novare.

On connaît l'histoire de la république romaine, son origine si pure, le respect de ses fondateurs pour les droits de la nation et ses volontés, ex-

primées par un vote universel et libre, l'ordre parfait qu'ils surent maintenir dans l'agitation d'un si grand
changement, le dévouement du peuple aux institutions qu'il s'était don-
nées, sa sublime résistance à une
agression hypocritement déguisée d'a-
bord par la réaction, qui, bien que
toute-puissante, ne put accomplir ce
lâche attentat qu'en trompant la France, profondément émue d'indignation
quand la lumière se fit, mais trop
tard. Il n'existait entre les forces aucune proportion. La république romaine tomba noblement, fièrement,
sans faillir à elle-même, comme ce qui
doit revivre. Elle est l'héritage légué
par la dernière révolution à la révolution future. Par un mouvement di-

gne du sénat de l'antique Rome, le sénat de la Rome nouvelle repoussa toute capitulation, et, avant de se disperser, jura de revenir siéger au Capitole, dès que ses portes, passagèrement fermées par la violence, lui seraient rouvertes.

La chute d'une république à laquelle se rattachaient tant et de si saintes espérances, suscita contre la France, on ne s'en étonnera point, une haine trop légitime dans le peuple, incapable de distinguer la nation de son gouvernement, et à laquelle il était difficile que le parti démocratique, au premier moment, ne se laissât pas entraîner. De fâcheuses divisions se produisirent, quelques-uns persistant à se séparer hostilement de la France et de sa révolution même ; d'autres, subordonnant la question de la république à la question de l'indépendance, et se montrant prêts à suivre le prince qui inscrirait ce dernier nom sur ses drapeaux : d'autres, au contraire, ramenés vers la France révolutionnaire par la réflexion, et repoussant des transactions que l'expérience avait démontrées si funestes, virent dans le principe républicain l'unique base solide et le seul moyen efficace de l'affranchissement de l'Italie.

Sur ce point essentiel, comme aussi sur trois autres d'une égale importance pour établir l'unité d'action, le devoir de chacun est de s'expliquer nettement.

Les patriotes italiens, dont nous

sommes ici les organes, déclarent donc :

Premièrement, qu'à leurs yeux, nulle organisation générale possible, nulle union réelle et féconde, nul salut que dans la république.

Secondement, qu'ils ne reconnaissent à qui que ce soit, parti ou fraction de parti, le droit de parler au nom de la nationalité italienne, avant qu'elle se soit elle-même donné des représentans qui soient ses vrais organes.

Troisièmement, que pendant la durée de la révolution, nul gouvernement légitime pour eux que celui, momentanément suspendu, de la république romaine, et ceux qui s'établiront spontanément sur le même principe, à mesure des progrès de l'affranchissement, jusqu'à ce qu'une convention italienne ait pu constituer l'unité nationale.

Quatrièmement, que selon leur conviction profonde, il n'est pas simplement utile, mais souverainement nécessaire d'unir la révolution italienne à la révolution française, principe générateur et moteur de la révolution européenne, à la fois politique et sociale.

Ces points admis, il ne subsisterait désormais aucune dissidence, et l'effet immédiat de cet heureux accord serait un immense accroissement de puissance. Le succès dépendra du concert des efforts, de l'unité de but et de moyens, de l'unité dès lors de pensées et de doctrines. Comprenant quelle en est l'importance, le parti démocratique italien s'élèvera au-dessus de tout ce qui tendrait à l'altérer, à quelque degré et sous quelque prétexte que ce pût être. En douter, ce serait douter de son patriotisme, si glorieusement prouvé tant de fois.

## IV.

Énergique et fière, l'Espagne eut toujours un profond sentiment d'elle-même, l'indomptable volonté d'être soi ; et lorsque l'invasion arabe, provoquée par la trahison, eut fait de presque tout son sol la possession d'une race étrangère, subjuguée, non

soumise, elle n'eut de repos qu'après
avoir, au prix d'héroïques sacrifices
et de huit siècles de combat, reconquis
son indépendance.

Non moins attachée à la liberté, qui
n'est encore que l'indépendance sous
un autre aspect, l'exclusion de l'arbitraire dans l'ordre politique et civil,
la jouissance de son droit en tout ce
qui ne nuit point au droit égal d'autrui, l'Espagne, aux époques mêmes
où dominait la féodalité, conserva
toujours le sentiment démocratique.
Les anciens monumens de sa législation (1) en font foi. Avec quelle opi-
niâtre énergie elle défendit ses insti-

(1) Las cartas pueblas, los fueros, los privile-
gios.

tutions nationales contre le despotisme naissant, l'histoire nous l'apprend. Si elle succomba dans cette lutte, si sa liberté descendit pour un temps dans la tombe avec Juan de Padilla et Juan Bravo, ce fut pour en sortir plus glorieuse et plus forte, lorsque l'heure marquée par la puissance qui préside aux destinées des peuples serait venue.

Il y eut dans cette contrée une nuit de trois siècles. Philippe II et l'inquisition, l'absolutisme religieux et l'absolutisme politique, s'unissant pour y étouffer la vie, non-seulement dans ses manifestations diverses, mais dans toutes ses sources, en bannirent la lumière et le mouvement. Ce ne fut plus une nation d'hommes , mais d'ombres assises au milieu des ruines muettes de ses grandeurs passées, sous les voûtes silencieuses des cloîtres.

Après ce sommeil de mort, tout à coup, au bruit formidable de la révolution française, l'Espagne se réveille. Brisant la pierre de son sépulcre, elle rentre dans le monde des vivans, et, dès ses premiers pas, elle devance des peuples en apparence plus près du but vers lequel désormais tous devront marcher. Elle a compris l'idée nouvelle. Ce ne sont point ses antiques franchises qu'elle réclame, qu'elle s'efforce de recouvrer. Au droit monarchique, elle a substitué le droit démocratique. Sans renverser la royauté, que protègent encore de vieux souvenirs et de vieilles habitudes, elle l'enchaîne dans la constitution de 1812.

« Si ensuite elle subit, comme la France elle-même, une de ces réactions auxquelles sont soumises toutes les choses humaines, dont le progrès s'accomplit, non par un mouvement continu, mais par une suite d'oscillations alternatives, ce retour partiel vers le passé a été pour elle une expérience utile, un enseignement peut-être nécessaire. Les hontes du trône ont mis à nu le vice de l'institution même. La conscience publique, révoltée de tant d'ignominies, à cessé de croire à une puissance qui, au fond du cloaque où elle est descendue, où elle se roule dans la boue et le sang, n'est plus qu'une

insulte à la justice de Dieu et à la
patience des hommes.

Autour d'elle qu'a-t-on vu? que
voit-on encore? Sous le nom de *mo-
dérés*, une coterie avide, instrument
docile du pouvoir, afin d'en obtenir
faveurs, places, argent, sans autre
pensée que d'assouvir ses insatiables
convoitises. Sous le nom menteur de
*progressistes*, un parti ambitieux, ennemi réel du progrès, qui, pour s'em-
parer des affaires, se faisant l'auxi-
liaire intéressé du despotisme, a
sacrifié l'une après l'autre les libertés
conquises, corrompu le peuple, autant
qu'il l'a pu, par l'exemple de sa propre
corruption, lui fermant la route de
l'avenir, et s'efforçant de l'engager en
des voies rétrogrades,

Mais le temps de ces hommes est passé. Un parti vraiment national s'est formé enfin, lequel, répondant aux besoins et aux aspirations du peuple, enveloppe déja l'Espagne entière. En lui, nulles dissidences, parfait accord de principes, d'action. Son but, c'est le développement de la démocratie et de ses conséquences sociales, d'où sortira le bien-être des masses par la réforme des abus, l'abolition des priviléges, le gouvernement de tous par tous, au bénéfice de tous; son but, c'est de constituer sur cette base une forte unité politique, avec, dans l'ordre administratif, de larges libertés municipales et provinciales.

Lorsque la république ibérienne, ainsi instituée, aura ouvert pour la

Péninsule une ère nouvelle de grandeur et de prospérité, cette prospérité,
cette grandeur trouveront leur com-
plément dans l'union intime de deux
peuples qu'une origine commune et
de communs intérêts convient à cette
union. La nature a fait du Portugal et
de l'Espagne un même corps que doit
animer une même vie. Séparés, ces
deux beaux pays manquent l'un et
l'autre de quelques-unes des conditions de leur évolution normale. Le
jour où ils ne formeront qu'une famille, une seule nation dans une seule
patrie, marquera leur premier pas vers
les hautes destinées que la Providence
leur résvere.

## V.

Nous l'avons déjà dit, la confédéra-
tion des nations latines, loin d'être
exclusive, n'est, dans notre pensée,
que le commencement d'une confé-
dération plus générale, de la confédé-
ration qui, de proche en proche, à
mesure que chacun d'eux en recon-
naîtra plus clairement la nécessité, en
comprendra mieux les avantages,
unira tous les peuples européens.

En effet, l'alliance de l'Espagne, de
l'Italie, de la France, elles le procla-
ment hautement, a pour base un
principe universel en soi, et dont rien
ne limite l'application possible : l'u-
nité de la famille humaine, en même

temps que l'indépendance réciproque de ses membres ou des nationalités diverses, maîtresse d'elles-mêmes et complétement libres en ce qui touche leur organisation, leurs lois, leur régime intérieur ; aide et secours mutuels pour maintenir cette indépendance, et concours permanent pour atteindre le but commun, car la vie des peuples, comme celle des individus, a un but, raison de leur existence. Ils ne sont point jetés dans le monde pour y végéter au hasard, les uns quelques jours, les autres quelques siècles ; et ce but, cette raison de leur être, ce terme de leur action, est lié au but de l'univers même, dont les parties, indéfiniment diverses, convergent, par leurs relations harmoniques, leur mutuelle solidarité, vers un centre unique, éternel.

Mais, pour nous renfermer dans les questions de pratique immédiate, que doivent, à cette époque du temps, se proposer les peuples? que doivent-ils, tous ensemble et chacun à part, s'efforcer d'effectuer par leur action continue, incessante? Ce que l'instinct même leur suggère partout, les développement de plus en plus libre, de plus en plus complet du principe démocratique, d'où sortiront, dans l'ordre politique, dans l'ordre civil et économique, toutes les réformes, toutes les améliorations, tous les biens auxquels, de nos jours, l'humanité aspire.

Quel est, en effet, le caractère, la

tendance du mouvement intérieur qui l'agite? que veut-elle?

Elle veut, premièrement, que l'homme, relevé de sa longue déchéance, soit pleinement rétabli dans sa dignité originaire et naturelle, par l'abolition de tout pouvoir imposé, usurpé, ou dont le peuple ne soit pas la source, de toute distinction sociale arbitraire, de toute classe privilégiée. Plus d'esclaves ni de maîtres, de seigneurs ni de serfs, de petits ni de grands par droit de naissance ou par institution légale; mais une famille de frères.

Que veut-elle encore? Le règne de la justice égale pour tous; par l'instruction et par le travail, la vie de l'intelligence et celle du corps assu rées à tous; au moyen du concours de tous, le bien-être toujours plus grand de tous.

Or, le principe démocratique, dans ses conséquences et ses applications, n'est que cela. Il est le droit fondé sur la souveraineté du peuple, auquel correspond, d'une part, le gouvernement de tous par tous, au profit de tous, et, d'une autre part, l'ordre économique, qui, mettant à portée des travailleurs, pleinement libres désormais, l'instrument général du travail, le capital, avec l'instruction qui le féconde, effacera les derniers vestiges du servage, et aura pour effet l'extinction progressive de la misère, des innombrables souffrances physiques et des maladies morales qu'elle engendre.

En politique donc, république ; en économie, socialisme, le socialisme que le bon sens public dégagera de la confusion des doctrines aventureuses, impraticables, erronées et contradictoires qui ont dû se produire d'abord : tel est le but montré aux peuples, et vers lequel les pousse une force irrésistible.

Mais pour l'atteindre, le droit ne suffit pas. Le droit protége l'individu, mais il l'isole, et, s'il était seul, rendrait dès lors l'unité impossible. Au droit donc il faut joindre le devoir, principe d'union, parce qu'il subordonne l'individu au tout ; parce que, expression de l'amour qui opère la fusion des êtres, il la réalise par le sacrifice, par le dévouement volontaire, sans lequel chacun retiré en soi et s'y concentrant, la société ne serait qu'un amas de poussière.

Et c'est là le sens de ce grand dogme promulgué sur le seuil du monde nouveau : Liberté, égalité, fraternité.

La liberté, l'égalité, voilà le droit ;

La fraternité, voilà le devoir.

Et des trois naît l'ordre, qui n'est que l'ensemble des conditions de la vie.

Ces conditions se présentent sous trois formes générales, appelées religion, famille, propriété.

Nulle vie, en effet, soit sociale, soit individuelle, nulle vie morale et nulle vie physique, qu'en vertu de ces lois universelles et sous leur empire. Abusant des paroles de quelques rêveurs solitaires, de quelques paradoxes insensés, on a dit que ces grandes, ces éternelles lois étaient niées, attaquées par les républicains socialistes. Jamais imposture plus hardie ne tenta d'abuser de la crédulité publique. Ce sont eux, au contraire, ce sont les socialistes, les républicains, qui les défendent contre la monarchie et contre ses doctrines, qui se dévouent pour en assurer le triomphe. Il est temps que, sur des points de cette importance suprême, la lumière se fasse; que, déchirant les voiles tissus par des passions qu'aucun mensonge n'effraie, que l'intérêt irrite jusqu'à la frénésie, la vérité éclate aux yeux de tous.

## VI.

Il n'est point de mot que les ennemis de la civilisation moderne et des

principes sur lesquels elle repose,
aient plus souvent à la bouche, que
le mot de religion. Ils le répètent sans
cesse, sans cesse ils l'opposent comme
une accusation ou comme un défi à
leurs adversaires. Sentant vaguement
qu'il correspond à quelque chose
d'immortel dans l'homme, à une nécessité sociale absolue, ils y cherchent
la force qui leur manque, ils se font
de la religion comme une sorte de
propriété exclusive et de caractère
distinctif.

Mais qu'est-ce pour eux que la religion ? Des choses radicalement diverses, qui s'excluent, se repoussent
l'une l'autre. En Espagne et en Italie, le pur catholicisme ; en France, y
compris l'Algérie, terre aujourd'hui

française, outre le catholicisme, cer-
taines communions protestantes di-
visées entre elles, le judaïsme et le
mahométisme, également reconnus
par la loi. Même variété dans le reste
de l'Europe, où fourmillent les sectes,
les religions les plus disparates.

Or, de ces religions, l'une ne saurait être vraie que les autres ne soient
fausses, car la vérité est une. Sous le
même nom de religion, l'on comprend
donc indifféremment les croyances les
plus opposées, les cultes les plus con-
traires, revêtus des mêmes droits, dé-
clarés dignes des mêmes respects.
Adorer le Christ, religion ; blasphé-
mer le Christ, religion. Se conçoit-il
de contradiction plus impie, de déri-
sion plus sacrilége ? Et la religion ainsi

entendue, qu'est-ce, sinon une institution politique, un instrument de règne, au moyen duquel les pouvoirs politiques retiennent les peuples dans la sujétion, soutenant le prêtre qui les soutient, partageant avec lui le pouvoir, les richesses, et fondant leur puissance commune sur la dépression des esprits et leur abrutissement?

Ce n'est pas tout, leurs religions, se proscrivant l'une l'autre, ont causé, par les haines réciproques qu'elles inspirent, des maux horribles à l'humanité. Armant, au nom de Dieu, les frères contre les frères, que de luttes atroces, de guerres affreuses n'ont-elles pas suscitées, érigeant le meurtre, les massacres, l'extermination avouée comme but, en principe de droit et en acte saint.

Et quand le combat cessait par l'inégalité des forces, que se passait-il? Alors, l'intolérance, prenant une autre forme, engendrait ces effroyables persécutions, qu'aujourd'hui même quelques zélés osent regretter hautement, les cachots, les chevalets, les roues, les tortures de tous genres, la potence, la hache, le soleil voilé par les cendres des bûchers jetés au vent. A côté de ces horreurs, la peur de la science, l'ignorance entretenue systématiquement pour maintenir la soumission, de ridicules pratiques, d'absurdes superstitions substituées aux devoirs réels, d'où l'affaiblissement de la conscience, la corruption de la morale subordonnée à la foi aveugle en des dogmes incompris, et le plus souvent incompréhensibles.

Voilà ce que les défenseurs du passé appellent religion. Certes, ce n'est pas la nôtre, ce n'est pas celle qui doit guider la marche de l'humanité vers l'avenir. La religion pour nous est le lien des hommes avec Dieu, et des hommes entre eux, conséquemment l'ensemble des lois de l'intelligence et de l'amour ; elle est le progrès sans terme dans la science, dans le droit et le devoir, par le développement naturel de la pensée libre et de la conscience libre ; elle est l'application toujours plus parfaite à la société comme aux individus, des saintes maximes de la morale universelle, hors de laquelle nulle vie ; elle est, au sein de la paix, la croissance éternelle dans le vrai et dans le bien.

Entre vos religions et notre religion, que les peuples prononcent.


## VII.


Qui nierait la famille et les lois de la famille, nierait l'homme même dans la première condition de son existence ; car l'homme véritable, l'homme complet, qui se perpétue indéfiniment, n'est pas le simple individu, mais l'unité complexe de ces trois termes inséparables, le père, la mère, l'enfant.

Ainsi, la famille est sacrée ; elle est

sacrée dans son institution naturelle et primordiale ; elle est sacrée dans les lois qui assurent et son intégrité, sa pureté morale, et sa conservation physique.

Or, à tous ces égards, l'histoire des monarchies n'est qu'une suite d'atteintes profondes à la famille. Point de famille pour l'esclave, rejeté hors de l'humanité, rabaissé jusqu'à l'animal ; une famille fictive pour le serf attaché à la glèbe, presque entièrement privé de droits personnels, dépendant, lui et les siens, de la volonté, des caprices du maître ; et ces volontés arbitraires, ces caprices, jusqu'où ne s'étendaient-ils point sous le régime féodal, encore en vigueur dans plusieurs contrées de l'Europe ?

Qu'était la famille pour Louis XIV,

enlevant d'autorité à ses sujets pro-
testans leurs fils, leurs filles, rom-
pant, sous prétexte de religion, les
plus sacrés liens, se jouant avec une
atroce barbárie du désespoir des pa-
rens, de leur tendresse, de leurs devoirs imprescriptibles, faisant péné-
trer la torture jusqu'au fond de leur
conscience même?

Qu'est la famille pour Nicolas, ar-
rachant du foyer domestique des trou-
peaux d'enfans pour les distribuer
dans ses colonies militaires comme
des bêtes de somme, comme des ins-
trumens de travail et de propagation?

Il serait superflu d'accumuler les
faits de ce genre, connus de tous. Et
quant aux lois morales, qu'on se rap-
pelle les exemples donnés, les spec-

tacles offerts par les rois, les grands,
les mœurs des cours passées en pro-
verbe. Mépris du mariage et de sa
sainteté, adultère, inceste, polygamie
quelquefois, les derniers excès d'une
licence effrontément étalée à tous les
regards ; au-dessous, une corruption
sourde, s'infiltrant peu à peu par l'i-
mitation, une lente dissolution des
organes de la vie, la gangrène d'un
corps qui ne sent plus : voilà ce qui
s'est vu toujours, ce qui se voit partout dans les monarchies.

La nécessité de pourvoir aux besoins,
au luxe, aux profusions de la royauté
et d'une aristocratie oisive, qui enlè-
vent au peuple la plus forte portion
des produits de son travail, y est encore une perpétuelle attaque contre la

famille, dépouillée en partie des moyens de sa conservation physique, d'alimens, de vêtemens, de logemens salubres; d'où la misère, les maladies, le vice, la déplorable séparation, dans les villes surtout, des enfans et de la mère, contrainte de les laisser tout le jour à l'abandon, pour leur rapporter le soir, au prix d'un labeur à peine rétribué, quelque peu de nourriture.

Les républicains socialistes, ces ennemis de la famille, la comprennent, il est vrai, d'une toute autre façon.

Ils veulent qu'elle soit sainte, intègre dans toutes ses conditions et physiques et morales;

Ils veulent que, librement formée par l'attrait des pures affections, elle se maintienne pure, exempte de toute profanation, de tous les désordres qu'engendrent les mauvaises suggestions de la faim, les tentations mêmes, chose horrible à penser, de devoirs qui se combattent;

Ils veulent qu'à la place des soucis, des souffrances du présent, des sombres prévisions de l'avenir, s'asseyent à son foyer la confiance, la sécurité, le contentement, la joie de revivre dans les siens, l'amour conjugal, paternel, filial, tous ces biens ineffables que Dieu a semés entre le berceau et la tombe;

Ils veulent que, les besoins du corps satisfaits, l'esprit aussi ait son aliment, que l'instruction le développe, que la lumière pénètre sous le toit de chaume comme dans l'hôtel splendide, qu'avec elle y entrent, après le travail, la

science au moins élémentaire qui
rend le travail même plus fécond,
quelques-unes des jouissances de l'art
qui élève l'âme et charme les douleurs
inséparables de la vie humaine.

Encore ici, entre la famille telle
qu'elle existe dans les monarchies, et
la famille telle que la conçoivent, la
veulent les républicains socialistes,
que les peuples prononcent.

## VIII.

Il y a lieu de s'étonner que les
monarchistes, feignant des craintes
absurdes, aient osé appeler l'attention
publique sur cette grande, cette universelle loi, non-seulement de l'hom-

me, mais de tous les êtres, la propriété, et surtout affecter d'en être les
défenseurs contre les républicains socialistes ; car, de fait et de droit, la
monarchie en est la négation.

De fait, point de monarchie qui
n'ait eu son origine dans la conquête,
suivie de la dépossession des primitifs
habitans du sol, contraints désormais
de le cultiver, en qualité d'esclaves ou
de serfs, au profit des maîtres qui les
en avaient dépouillés par la force.
Ainsi la spoliation, le vol à main ar-
mée a été le fondement de la propriété
dans toutes les anciennes monarchies,
vol de la terre, vol des personnes
mêmes, liées, incorporées à la terre,
improductive sans leur travail, sem-
blable à celui des bêtes de labour.

Ce fait, pour être durable, pour que le but permanent de l'envahissement fût atteint, dut se transformer en droit. Aussi, le premier principe du droit féodal en était-il la consécration solennelle, établissant que, « quant aux » serfs, leur sire peut prendre tout » ce qu'ils ont, et les corps tenir en » prison, toutes les fois qu'il lui plaît, » soit à tort, soit à droit, et qu'il n'est » tenu d'en répondre à personne, » fors à Dieu. » (Beaumanoir.)

Si néanmoins, en dehors du droit strict, à force de labeur et d'épargne, le serf parvenait à se créer une sorte de patrimoine, il ne pouvait le transmettre. « Les enfans, dit la loi, n'en » ont rien, s'ils ne rachètent au sei- » gneur comme ferait une autre persi somme étrange. » (Henrion de Pansey.)

Lorsque la féodalité déclina, les rois concentrant en eux-mêmes tous les droits des seigneurs peu à peu réduits sous leur obéissance, devinrent et se déclarèrent seuls propriétaires primitifs, seuls maîtres souverains des personnes et des biens.

Cette maxime dominait toute la législation au temps de Louis XIV, qui, voyant en elle l'essence même de la royauté, la fondait, d'après la décision des théologiens, sur l'expresse volonté de Dieu, ainsi qu'il s'exprime dans ses Mémoires, où il n'est rien qu'avec plus de soin il inculque à son fils.

Si tout était au roi, en vertu d'un

droit primordial divin, le roi pouvait souverainement disposer de tout, et n'y manquait pas. De là les impôts arbitraires, excessifs, ruineux, les confiscations, la violation des engage-mens sans force pour lier le pouvoir royal, le scandale presque permanent des banqueroutes publiques. A quel titre se serait-on plaint ? Le roi, unique propriétaire, usait de sa pro-priété comme il lui semblait bon. Ce qu'il laissait à ses sujets, ils le possé-daient de pure grâce.

De longs âges s'écoulèrent sous l'empire de ce principe monstrueux. Mais enfin, le moment arrive où la conscience humaine, plus éclairée, se révolte. Une révolution, préparée par l'excès même du mal, éclate. Son premier acte est de proclamer le droit de propriété méconnu, radicalement nié jusque-là. Serfs, vilains, sujets, peuple conquis, courbé depuis des siècles sous une puissance qui ne se reconnaissait point de limites, relève-toi, prête l'oreille à cette parole, écho dans le temps de l'éternelle parole de Dieu, à cette parole d'affranchissement, qui te remet en possession de toi-même :

« La propriété, comme la liberté, est » un des droits naturels et impres- » criptibles de l'homme. » Et encore : » La propriété est un droit inviolable » et sacré ; nul ne peut en être pri- » vé. » (Constitution de 1791.)

Une nouvelle ère s'ouvrait. Cependant, le droit reconnu, l'application d'abord fut loin d'en être complète ;

il resta de nombreuses traces des iniquités antérieures, dans l'assiette inégale de l'impôt, le mode souvent injuste de répartition des fruits du travail appelé salariat, les priviléges du capital, l'organisation vicieuse du crédit, inépuisable source de tous les genres d'usure, dans les nombreux obstacles enfin qui rendent l'accès de la propriété si difficile au pauvre.

Ce sont là les réformes que poursuivent les républicains socialistes. Fils de la révolution, loin d'attaquer la propriété dont elle a proclamé le principe fondamentalement nié par la monarchie, le but de leurs efforts est d'affermir et de développer le droit qui la consacre, d'en étendre à tous la jouissance effective. Reconnaissant

qu'elle a son origine, sa seule origine
légitime dans le travail, puisque ma-
tériellement elle n'est que l'accumu-
lation des produits du travail, ils ne
fouillent ni ne discutent le passé, res-
pectent toute possession acquise, et
demandent seulement que chacun désormais, recueillant ce qu'il a semé,
travaille pour soi et non pour autrui,
et puisse ainsi, se créant une propriété personnelle, réaliser une des conditions de son parfait affranchissement,
de la liberté, attribut essentiel de l'être
moral, de la liberté qui fait l'homme
véritable.

Nous disons donc aux monarchistes, aux souteneurs opiniâtres de l'an-
cienne société : De fait et de droit,
vous êtes les ennemis, les négateurs

de la propriété, comme de la liberté, et c'est pour cela que les peuples vous repoussent, que l'avenir vous échappe à jamais. Nous, républicains socialistes, nous défendons contre vous la liberté, la propriété, toutes les bases de l'ordre moral, la justice éternelle, dans ses principes et ses conséquences, et c'est pour cela que l'avenir, malgré votre résistance désespérée, nous appartient.

## IX.

Nous avons exposé les motifs qui ont déterminé l'établissement du Comité démocratique Français-Espagnol-Italien, les doctrines qu'il professe, le but qu'il se propose. Ce but, rien ne l'en détournera ; c'est celui de l'humanité, que les lois éternelles de son évolution, manifestées de nos jours dans une plus large conception, un sentiment plus vif du devoir et du droit, poussent visiblement vers le terme de ses tendances, l'unité, par l'association solidaire et universelle des peuples sur cette triple base : Liberté, égalité, fraternité.

Et comme, en aucun ordre de choses, rien ne se produit, ne se développe et ne s'organise qu'en partant d'un point, d'un centre initial et vivant de formation, les nations latines, plus rapprochées l'une de l'autre géographiquement, et moins affaissées sous l'oppression commune, doivent aux autres nations l'exemple d'une union destinée à s'étendre indéfiniment. Le temps viendra où, bénie du ciel, fécondée par les sueurs d'infatigables ouvriers, il sera dit d'elle peut-être : Elle a contribué au triomphe de tout ce qui est vrai, juste et saint, à faire de tous les peuples maintenant séparés une seule famille, la famille humaine.

*Le comité démocratique français-espagnol-italien de Paris :*

LAMENNAIS, JOLY, MATHIEU (de la Drôme), V. SCHOELCHER, BAUNE, BERTHOLON, LASTEYRAS, MICHEL (de Bourges), représentans du peuple, membres de la Montagne.

BIBLIOTHÈQUE NATIONALE
R.F.
IMPRIMÉS.

# TABLE.

—




Paris.—Impr. de E. Brière, rue Ste-Anne, 55.